IOVRNAL
CONTENANT
LA RELATION
VERITABLE
ET FIDELLE

Du Voyage du Roy, & de son
Eminence,

*POVR LE TRAITTE' DV MARIAGE
de sa Majesté, & de la Paix Generale.*

A PARIS,
Chez IEAN BAPTISTE LOYSON, ruë Saint
Iacques à la Croix Royalle, pres la Poste.

M. DC. LIX.
Auec Priuilege du Roy.

Extraict du Priuilege du Roy.

LE Roy par ſes Lettres patentes données à Paris le cinq Decembre 1659. Signé Cebret, il eſt permis à IEAN BAPTISTE LOYSON, Marchand Libraire à Paris, d'imprimer vendre & debiter *le Sommaire de l'Hiſtoire contenant la Relation veritable du Voyage du Roy, & de ſon Eminence pour le traitté du Mariage de ſa Majeſté & de la Paix Generale. Compoſé par le ſieur F. C.* Et deffences ſont faites à tous Imprimeurs & Libraires & autres perſonnes d'en vendre ny debiter que de celles dudit expoſant, ſous pretexte d'augmentation, changement, ou autrement, en quelque ſorte & maniere que ce puiſſe eſtre à peine de cinq cens liures d'amende Confiſcation des Exemplaires, de tous dépens, domage & intereſts, & ce pendant le temps & eſpace de ſept ans entiers & accomplis, ainſi qu'il eſt plus emplement porté par ledit Priuilege.

IOVRNAL,
CONTENANT
LA RELATION
VERITABLE ET
fidelle du Voyage du Roy,
& de fon Eminence,

POVR LE TRAITTÉ DV MARIAGE de fa Majeftè, & de la Paix Generale.

Omme il n'eft point de malheur égal à celuy de la Guerre, il n'eft point auffy de bon-heur comparable à celuy de la Paix ; Ce Nom a ie ne fçay quelle douceur en foy, qui charme nos efprits & qui flatte agreablement nos efperãces ; Si bien qu'on peut dire qu'il produit dans vn Eftat d'auffy beaux effets, que l'harmonie en produit dans la Mufique. C'eft ce qui a donné fujet à diuers Autheurs d'écrire, qu'vne Paix toute injufte mefme qu'elle pût eftre, eftoit toûjours préferable aux * Guerres les mieux fondées, & que l'efperance d'vne victoire prochaine, ne valloit pas celle du moindre accord ny de la moindre trefve. Ce fentiment ne fe rapporte pas mal à celuy de Tite Liue, puis qu'il n'exempte pas du defir de la Paix

*Mallem pacê aliquantum iniquam, quam bellú æquiffimû ras lib epift.

* Pacem
volunt e-
tiam,qui
vincere
poffunt.
Liuius
lib. 1,dec
5.

ceux qui peuùent faire la Guerre, & qui tiennent dans leurs mains le fort heureux des Armes. * Il ne faut donc pas s'étôner si la France la fouhaitte auec tant de paffion, & fi depuis pres de vint cinq ans, elle fait des vœux pour elle. Apres tant de tempeftes dont elle a efté fi long temps agitée, il eft bien iufte qu'elle goûte vn peu de repos, & qu'elle change fes triftes Cypres , en autant d'Oliuiers & de Myrthes : Mais comme les chofes prétieufes ne fe communiquent pas indifferemment en tout temps & a toute perfonnes ; On ne doit pas auffi s'émeruciller, fi Dieu feul Maiftre & feul difpenfateur de ce riche Trefor ne l'a pas pluftoft accordé a la priere de fon peuple ; C'eftoit affez aux François que Louys le Iufte, d'heureufe memoire, euft conceu ce glorieux deffein, & que le grand Armand l'eut tenté fous fon illuftre Miniftere ; C'eftoit affez qu'ils euffent fait trembler l'Europe par leurs frequentes conqueftes, qu'ils euffent entaffé Victoires fur Victoires, imprimé la terreur fur le front de leurs Ennemis ; & qu'ils euffent attiré fur eux l'admiration de toutes les puiffances du monde. Le Miracle de la Paix n'eftoit referué que fous le regne d'vn Monarque qui nous fut donné par Miracle ; C'eftoit fous luy feul que ce precieux Trefor deuoit éclatter , & Iules ce fidele & parfait Miniftre de fon Prince , eftoit celuy que le Ciel deftinoit pour l'acheuement d'vn fi grand & fi fameux Ouurage.

Ce temps fi long temps attendu , & fi juftement defiré de toutes les ames pacifiques eft donc heureufement arriué : Le Dieu des Armées eft flechy, la pieté fans exemple du Roy, les feruentes prieres de la Reyne , le zele de fon Eminence, les fouhaits ardans de toute la Cour , & les vœux de tous les peuples, ont arrefté le glaiue de fa juftice, & detourné la foudre qui menaçoit noftre tefte; En vn mot le Temple de Ianus fera fermé, & celuy de la Paix fera ouuert à tout le monde, puifquelle doit bien toft fucceder à la guerre , & que l'Augufte alliance de la France auecque l'Efpagne, doit appaifer les differens, & terminer les vieilles querelles de ces deux Illuftres Couronnes.

Mais en attendant que cette importante affaire foit entierement acheuée, & que la paix foit proclamée dans l'vn & dans l'autre Royaume , pour fatisfaire les curieux qui defirent

fçauoir

ſçauoir les particularitez du voyage de noſtre Monarque, & de ſon Eminence, ie prendray à taſche d'en faire vne Relation ſuccinte & fidele.

Et pour eſtablir vn ordre, je commenceray par celuy de Monſieur le Cardinal qui partit vn mois deuant le Roy, & qui nonobſtant ſes faſcheuſes incommoditez, la difficulté des chemins, & la brûlante ardeur de la Canicule, n'a pas laiſſé de faire de grandes & penibles traittes. Dans la noble impatience qu'il auoit de couronner vne œuure d'où dépend le bon-heur & la tranquilité de la France.

Ce noble deſſein ne fut donc pas plutoſt arreſté entre leurs Majeſtez & ſon Eminence, que S. E. ſe mit en eſtat de partir comme elle fit effectiuement le 25. de Iuin, * iour heureux & qui doit eſtre marqué dans les faſtes de l'Hiſtoire, puis qu'il fut le terme de nos diſgraces, & l'heureux commencement de noſtre bon-heur. Elle eſtoit veſtuë ſimplement d'vn habit de campagne fort commode pour voyager, & fort leger pour la ſaiſon. Elle auoit en ſa compagnie le Duc de Crequy, les Mareſchaux de Villeroy, & de Clérembaut, le Grand Maiſtre de l'Artillerie, le Sieur de Lyonne, & quantité d'autres perſonnes de marque. Le premier lieu où elle s'arreſta fut à la belle & magnifique Maiſon de Vaux, qui appartient à Monſieur le Sur-Intendant des Finances, où elle coucha, & où elle fut ſplendidement traittée. En ſuite elle ſe rendit à Fontainebleau, d'où elle partit le 27. dudit mois, & apres s'eſtre repoſée à Pluuiers, & le lendemain à Gergeau, elle arriua le 29. à cinq heures préciſes du matin à Clery, logea au Doyenné, & fut viſitée de la part de Monſeigneur le Duc d'Orleans par le ſieur du Belloy ſon Capitaine des Gardes.

Le 30. ce grand Miniſtre qui veille cependant que les peuples dorment, partit de ce lieu à deux heures apres minuit, & ſe rendit à Saint Dié à dix heures du matin, y diſna, & pouſſa enſuite iuſqu'à Chambor, où ſon Alteſſe Royale l'attendoit à cheual, eſcortée d'vn grand nombre de Seigneurs veſtus à l'aduantage & montez de meſme. Ce fut dans le Parc de ce magnifique Chaſteau qu'il rendit ſes reſpects à ſon Alteſſe, qu'il receut d'elle beaucoup de témoignages d'affection, & qu'ils confererent long-temps enſemble. La promenade finie,

B

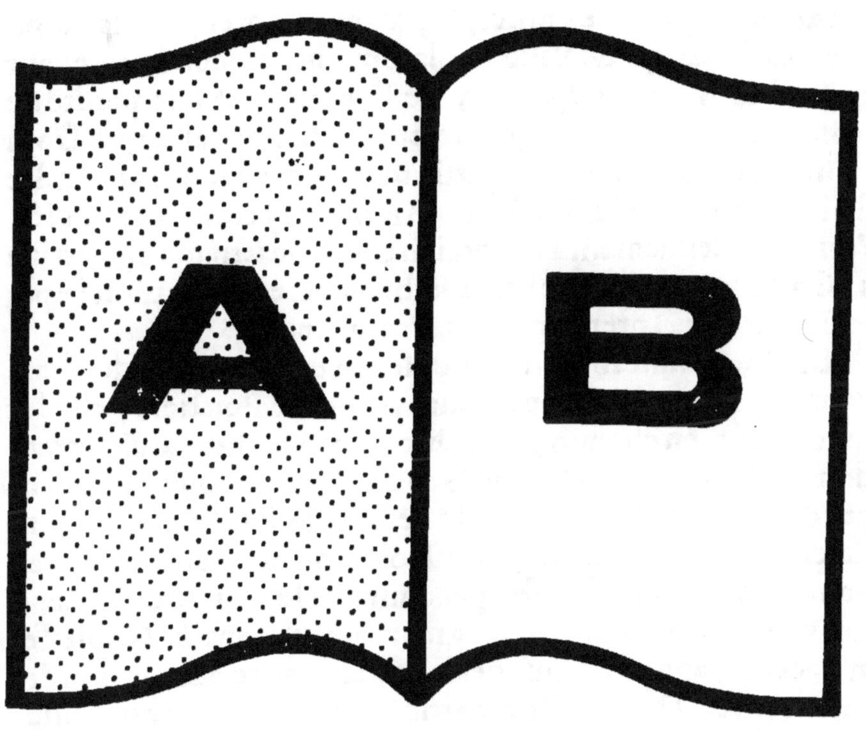

Contraste Insuffisant

NF Z 43-120-14

qui fe fit à cheual , fon Eminence fut conduite au Chafteau,
receuë par le Capitaine , & magnifiquement regalée à fouper
auec ceux de fa fuite.

Le lendemain , dernier iour de Iuillet elle arriua à Blois fur
les 9. heures du matin , y falüa Madame la Ducheffe d'Orleans,
& Mefdamoifelles fes Filles , & y receut les prefens & les complimens du Corps de Ville par la bouche de leur Lieutenant
general & Maire perpetuel ; de là pour ne point perdre de
temps , & dans la joye qu'elle eut de la nouuelle que Dom
Loüis d'Aro fe difpofoit à partir de fon cofté pour fe rendre
fur la frontiere , elle tira deuers Amboife , y coucha vne nuict,
s'arrefta le lendemain à Montelan , & le quatriéme elle arriua
à Chaftelleraut , où elle fut fuperbement receuë & traittée par
le fieur Pelot , Intendant de la Prouince.

Le cinquiefme fon Eminence fe mit en campagne dés deux
heures apres minuit , & prenant la route de Poictiers , elle fut
rencontrée en chemin par le Duc de Roüannez , qui l'attendoit à la tefte de huict cens Gentilshommes fuiuis ou deuan-
cez de fes cent Gardes , que le fieur de la Parifiere comman-
doit. Ils ne fe furent pas plutoft joints qu'elle donna place au
premier dans fon carroffe , pendant que le Comte de Pardail-
l'on vn des Lieutenans de Roy marchoit deuant la Nobleffe,
qui accompagna S. E. iufques à Poictiers auec autant d'ordre
que de joye. Dés qu'elle fut arriuée à la porte de cette ville,
qui fut fur les 8. heures du matin , le Maire & les Efcheuins la
complimenterent & l'accompagnerent à l'Euefché parmy les
Bourgeois fous les armes , & au bruit redoublé de toute l'artillerie ; quelque temps apres elle receut les préfens , & le Clergé enfuite d'vne harangue fuccinte l'accompagna dans l'Eglife Cathedrale de S. Pierre , où elle entendit la Meffe.

L'aprefdinée le Préfidial luy vint faire la reuerence , & le
P. Prouincial des Iefuites luy fit vn compliment dont elle de-
meura fatisfaite. L'Ambaffadeur d'Angleterre arriua auffi le
mefme iour en cette ville , & le lendemain les autres corps
rendirent leurs refpects à fon E. qui difna chez le Gouuerneur,
lequel luy fit vn feftin fplendide , où les Marefchaux de Villeroy , de Clérembaut , le Duc de Crequy , le Sieur de Lyonne,
D. Antonio Pimentel , & beaucoup d'autres perfonnes de

haute condition fe trouuerent. Mais fi cette illuftre compagnie fit éclatter fa ioye pendant ce fuperbe repas, elle en tefmoigna bien d'auantage l'aprefdinée, lors qu'elle vit arriuer vn Courrier d'Efpagne chargé de nouuelles fauorables de la part du Roy fon Maiftre. Quoy que fon E. fuft déja beaucoup fatiguée du chemin, elle fe refolut neantmoins de partir la nuiĉt fuiuante, ce qu'elle fit, apres auoir receu tous les honneurs qui font legitimement deubs à vn Miniftre qui n'épargne ny fes foins ny fes veilles pour la perfeĉtion d'vn fi grand & fi laborieux Ouurage. De forte que le 7. du courant il s'arrofta à Coühé, le 8. à Ville-feignan, & le 9. à Chafteauneuf, où le Marquis de Montaufier Gouuerneur de la Prouince l'accompagna, apres auoir efté au deuant de luy auec plus de mille Gentilshommes bien montez & bien leftes, & vne foule d'autres perfonnes qui s'eftoient renduës fur le chemin pour rendre cette efcorte plus éclattante & plus nombreufe. Le 10. ce mefme Marquis traitta fon E. à difner auec tant d'ordre & tant d'abondance, qu'elle en témoigna beaucoup de fatisfaĉtion ; Et le iour fuiuant elle partit pour Bayonne, fe rendit à Ionfac, où le Marquis du mefme nom ne fut pas moins magnifique que celuy de Montaufier dans le regal qu'il fit à fon Eminence.

Elle paffa enfuite la nuiĉt du 12. à Meulieu, & le 13. elle entra dans Libourne, fuiuie de force Nobleffe du pays, & accompagnée du fieur de S. Luc Lieutenant de Roy, qui eftoit allé à la rencontre de fon E. enuironné de la compagnie de fes Gardes. Ce mefme iour l'Archeuefque de Bordeaux, les Deputez du Parlement, de la Cour des Aydes, des Treforiers de France, & des autres Corps de Ville, la furent complimenter & feliciter tout enfemble. Le 14. elle fut fomptueufement traittée par le Sieur de S. Luc, & le 15. elle vint à Cadillac, où de nouueau les Deputez du Parlement de Bordeaux s'y trouuerent, & luy rendirent de nouuelles marques de leurs refpeĉts par vne belle harangue.

Le 17. elle fut coucher à Bazas, à deffein de fe rendre fur la frontiere, où Antonio Pimentel s'eftoit déja acheminé deux iours auparauant. Le 18. elle s'arrefta à Rochefort, le 19. au Mont Marfan, où elle eut aduis par vn Courrier que D. Loüis

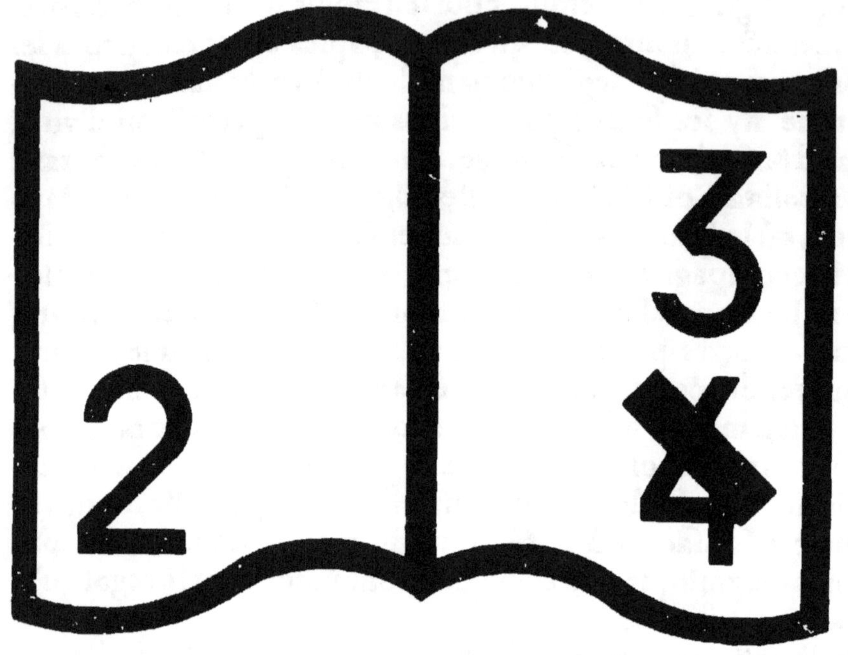

Pagination incorrecte — date incorrecte

NF Z 43-120-12

d'Aro feroit le lendemain à S. Sebaftien , & que fa Májefté Catholique fe preparoit à partir de Madrid le 15. du mois d'Aouft. Cette heureufe nouuelle plût fi fort à ce grand Miniftre, qu'encore qu'il fut rudement attaqué de la goutte, & qu'il fouffrit des douleurs capables de l'arrefter, il ne laiffa pas toutesfois de continuer fon chemin auec autant d'ardeur & de vigilance qu'auparauant , & apres auoir couché à Tartas le 20. le Comte de Poyanne la receut le 21. auec tous les refpeéts imaginables dans fon gouuernement d'Aqs, où le Comte de Guiche vint complimenter fon E. de la part du Marefchal de Grammont. De là elle prit fa route à Bidache, où ce mefme Marefchal l'accompagna auec prés de deux mille hommes fous les armes, & la receut le 22. dans fa belle & magnifique Maifon fuperbement preparée pour cet effet, où il la traitta, comme toute fa fuitte, auec vne pompe & vne magnificence toute particuliere. Le lendemain fon E. qui brufloit du noble defir d'eftre déja au lieu deftiné pour le traitté de Paix , s'embarqua fur quatre grands batteaux que les Bourgeois de cette ville auoient préparez pour elle, & qu'ils auoient mefme fait peindre d'vne maniere auffi nouuelle que diuertiffante.

Ainfi portée comme en triomphe fur les flots, ce fameux Miniftre de la France fit fon entrée dans Bayonne le 24. du mois à deux heures apres midy , apres auoir efté receu fur le bord de la riuiere par l'illuftre Marefchal de Grammont Gouuerneur de cette ville, & les Efcheuins qui l'accompagnerent iufques à l'Euefché au bruit de tout le canon, & des falues continuelles de la Bourgeoifie. D. Antonio Pimentel , qui eftoit arriué en mefme temps que Monfieur le Cardinal, & qui auoit efté auffi fuperbement traitté par ce mefme Marefchal, à Bidache, partit en diligence le lendemain pour fe joindre à D. Loüis d'Aro, que le fieur de Lyonne alla de mefme trouuer à S. Sebaftien de la part de fon Eminence. Enfin apres plus d'vn mois de trauaux , de veilles & de marches continuelles , elle arriua le 28. de Iuillet, iour & fefte de Sainte Anne, à Saint Iean de Lus , fuiuie d'vn train nombreux & des plus fuperbes, & fut loger dans le Chafteau d'Vrurbie , admirable par fa ftruéture, autant que par fa belle fcituation. Le 29. le fieur de Lyonne retourna de S. Sebaftien auec D. Antonio

tonio Pimentel, & rendit compte à son Eminence du magnifique traittement qu'il auoit receu, auec ceux de sa suite, de ce
premier Ministre d'Espagne. Pimentel fut derechef prendre
les ordres de Loüis d'Aro, & le 3. d'Aoust il reuint asseurer son
Eminence que tout se preparoit pour l'entreueuë, que l'on tra-
uailloit puissamment à la construction des Ponts & de la Cham-
bre de la Conference, & que D. Loüis d'Aro se rendroit dans
peu de temps à Iron, petit Bourg scitué sur le bord de la fameuse
riuiere de Bidasso.

Le 4. de ce mois son E. qui n'estoit point encore sortie depuis
son arriuée en cette ville, s'estant beaucoup ressentie de ses fatigues, fut à pied aux Recolets entendre la Messe, & le soir se
promena sur le bord de la mer, comme elle a toûjours continué
depuis, quand le temps ne s'est pas trouué incommode. Cependant le Comte de Louuigny, & le sieur de Chouppes, Lieutenant general de l'Artillerie, qui auoient eu ordre d'elle de faire dresser plusieurs ponts de batteaux pour faciliter l'entrée de
l'Isle de l'Hospital, & des Cabanes qui s'y dressoient pour la
Conference, s'en acquittoient auec vne diligence extraordinaire, comme faisoient aussi le Baron de Batteuille & le Gouuerneur de Fontarabie de leur costé, de la part de Dom Loüis
d'Aro: Les Curieux ont pû voir le plan imprimé de cette Isle
que forme la Riuiere de Bidasso, Bidassoa, ou Danday, car
c'est ainsi qu'elle s'appelle ; C'est pourquoy ie ne m'arresteray
point à sa description, & ie diray seulement qu'elle sert de bornes à la France & à l'Espagne, & qu'elle est la derniere de toutes nos Riuieres qui entre dans la Mer du Couchant, entre le
Bourg d'India, & la ville de Fontarabie.

Ce fut donc en ce lieu que l'on bastit vne Salle à deux portes
de vingt-six pieds en quarré pour tenir les Conferences, accompagnée de deux Chambres de moindre espace, l'vne pour son
Eminence, & l'autre pour D. Loüis d'Aro, & que l'on dressa du
costé d'Occident vne aduance ou couuert pour la Noblesse
Françoise, & pour les Grands d'Espagne. Mais pendant que
l'on diligentoit l'ouurage, & que l'on le visitoit de part & d'autre, le Baron de Batteuille régaloit somptueusement le Duc &
Mareschal de Grammont, le sieur de Lyonne, D. Antonio Pimentel, & quelques autres personnes de leur suite ; Or comme

le 13. du mois auoit esté pris pour l'entreueuë des deux Ministres, son Eminence toûjours actiue accompagnée des principaux de la Cour, partagez en plus de vingt carrosses, precedée de ses deux Compagnies des Gardes à pied & à cheual, & suiuie de ses Pages, Valets de pied, & autres Domestiques, tous magnifiquement vestus & dans vn pompeux équipage, partit de S. Iean de Lus, & s'estant renduë auec vne ioye nompareille en l'Isle de l'Hospital, elle passa au milieu de ses Mousquetaires rangez en bataille qui gardoient les auenuës du pont, & entra dans la Chambrette qui luy estoit preparée, auec soixante personnes des plus considerables. Dom Loüis d'Aro, qui d'ailleurs auoit fait marcher sa suitte deuant luy, composée des Grands d'Espagne & de quelques autres Seigneurs, arriuant aussi quelque temps apres dans sa Littiere, precedée de ses Pages & Valets de pied, & suiuie de plusieurs carrosses, à trauers ses Gardes à cheual, qui gardoient, tant à leur pont, que parmy elles, vn ordre semblable à celuy qu'obseruoient de leur costé celles de son Eminence, se rendit pareillement dans la sienne, auec le mesme nombre de soixante personnes d'élite.

Sur le midy du mesme iour ces deux fameux Mediateurs de la Paix entrerent dans cette Salle en mesme temps, qui n'auoit pour meubles que deux fauteüils, mais qui en recompense estoit superbement tapissée, moitié des tapisseries de son Eminence, & moitié de celles de D. Loüis d'Aro, où apres des respects reciproques se commença la premiere Conference, qui dura prés de cinq heures ; ensuite dequoy ces deux puissans Ministres se presenterent l'vn à l'autre les Seigneurs de leur Cour les plus considerables. Ce fut alors que les François & les Espagnols ne pouuans se contenir dans leurs bornes, franchirent les barrieres qui les separoient, & s'embrassans estroittement les vns & les autres, se donnerent tant de marques d'amitié, que l'on iugea deslors que la fin de ce grand Ouurage seroit heureuse, puisque les commencemens en estoient déja si fauorables. Le 16. son Eminence & Dom Loüis d'Aro continüerent leur Conference auec le mesme ordre que l'on auoit obserué auparauant, qui dura presque autant de temps que la premiere; & apres la troisiesme qui fut le lendemain, comme son Eminence auoit fait preparer vne superbe Collation dans son appartement pour les

Efpagnols, Dom Loüis d'Aro regala magnifiquement auffi les François dans le fien. Le 17. les Comtes de Guiche & de Louuigny luy furent rendre vifite dans Fontarabie, & furent retenus par le Duc de Nocare, fuiuant les ordres qu'il en auoit receus du premier Miniftre de fa Majefté Catholique, qui les traitta auec vn fuperbe appareil, & qui fit enfuite prefent au Comte de Guiche d'vn cheual d'Efpagne fort rare pour fa beauté, mais plus précieux & plus à eftimer encore à caufe du merite de celuy qui en fit le don.

Le 22. du mois fut employé à la quatriefme Conference, le 23. à la cinquiefme, & le Marefchal Duc de Grammont toûjours fplendide dans ce Miniftere d'importance où noftre Grand Monarque l'employe, ne manqua pas de régaler d'vn air tout extraordinaire par fept feruices artiftement diuerfifiez les Seigneurs Efpagnols, qui goufterent auec delice nos vins delicats de France, comme les François firent auffi la maluoifie, le vin fort de Canarie, & le veritable vin d'Efpagne. Cette Collation fomptueufe qui fe fit dans la Cabane d'vn Pefcheur extraordinairement parée, fut fuiuie d'vn Concert de voix, & d'vn Ballet, qui charmerent également les yeux & les oreilles de cette illuftre & magnifique Affemblée.

Le 26. fe fit l'ouuerture de la fixiefme Conference. Le 29. de la feptiefme, & ces deux puiffans Miniftres des deux plus grands Royaumes de la Chreftienté continuèrent ainfi iufqu'au douziefme de Septembre, pendant quoy les deux partis fe traitterent alternatiuement, & le Baron de Vateuille donna à difner fur vne Table en ouale au Marefchal & Duc de Grammont, & aux autres Seigneurs François, qui furent feruis de vingt-cinq couuerts à la mode d'Efpagne; mais fi proprement & auec tant de grace, qu'après vn Concert de voix & vn Ballet d'vne nouuelle inuention, cette noble Compagnie fortit tout à fait fatisfaite.

Au partir de là, le Duc de Grammont fut voir l'Efcurie de Dom Loüis d'Aro, remplie de cent Cheuaux des plus beaux d'Efpagne; & le lendemain ce fidele Miniftre de fa Majefté Catholique en fit prefent de deux audit Duc, à l'iffue de la neufiefme Conference.

Cependant son Eminence infatigable dans vne affaire où toute l'Europe a les yeux attachez, se rendit le dix-neufiesme au lieu des Conferences pour l'ouuerture de la treifiesme, & le vingt-deuxiesme on tint la quatorziesme, qui fut le couronnement des précedentes, & qui trancha toutes les difficultez qui iusqu'à lors s'estoient presentées. Le vingt & vn le Duc de Grammont fut derechef rendre visite à Dom Loüis d'Aro à Fontarabie, qui enuoya iusques hors des portes dé la ville pour le receuoir, & qui luy donna à disner dans vne Salle admirablement bien ornée, où la santé des deux Roys y fut hautement beuë, aussi bien que celle de l'Infante, qui doit estre bien-tost le précieux lien des deux Couronnes.

De là, ce Mareschal Duc reuint à Bayonne, & en partit le vingt-sept pour aller à Saint Iean de Lus, & le ving-huict il coucha à Yron premier Village d'Espagne, éloigné de deux lieuës de cette ville, d'où il continua le troisiesme son voyage à Madrid, en qualité d'Ambassadeur extraordinaire, dans vn équipage digne de sa grandeur, & accompagné de quantité de personnes de marque, qui font de superbes dépences pour augmenter l'éclat d'vne si belle & si fameuse Ambassade.

Le trentiesme son Eminence & Dom Loüis d'Aro se trouuerent à la seiziesme Conference. Le premier d'Octobre à la dix-septiesme, & le six à la dix-huictiesme, d'où ils ne sont sortis qu'auec vn visage qui fait assez paroistre que tout ne tend qu'à la Paix, & que nous la deuons bien-tost esperer, ce grand Ministre ne perdant point de temps pour l'aduancer, & faisant mesme à toutes les Eglises & Maisons Religieuses de pieuses largesses, afin que leurs prieres iointes à ses bonnes intentions, obtiennent plutost de Dieu ce bien qui doit estre le remede aux maux que la France & l'Espagne ont soufferteƨ depuis tant d'années.

Nous bornerons icy le Voyage de son Eminence, & la Semaine prochaine nous en donnerons la suite, suiuant la promesse faite au commencement de ce discours.

SVITTE DV IOVRNAL HISTORIQVE,

CONTENANT

LA RELATION

VERITABLE ET FIDELE

Du Voyage du Roy, & de son Eminence,

POVR LE TRAITTE' DV MARIAGE de sa Majesté, & de la Paix Generale.

A PARIS,

Chez IEAN BAPTISTE LOYSON, ruë Saint Iacques à la Croix Royalle, pres la Poste.

.M. DC. LIX.

Auec Priuilege du Roy.

Extraict du Priuilege du Roy.

LE Roy par ſes Lettres patentes données à Paris le cinq Decembre 1659. Signé Cebret, il eſt permis à IEAN BAPTISTE LOYSON, Marchand Libraire à Paris, d'imprimer vendre & debiter *le Sommaire de l'Hiſtoire contenant la Relation veritable du Voyage du Roy, & de ſon Eminence pour le traitté du Mariage de ſa Majeſté & de la Paix Generale. Compoſé par le ſieur F. C.* Et deffences ſont faites à tous Imprimeurs & Libraires & autres perſonnes d'en vendre ny debiter que de celles dudit expoſant, ſous pretexte d'augmentation, changement, ou autrement, en quelque ſorte & maniere que ce puiſſe eſtre à peine de cinq cens liures d'amende Confiſcation des Exemplaires, de tous dépens. domage & intereſts, & ce, pendant le temps & eſpace de ſept ans entiers & accomplis, ainſi qu'il eſt plus amplement porté par ledit Priuilege.

Regiſtré ſur le Liure de la Communauté le douzieſme Decembre 1659.

SVITTE DV IOVRNAL HISTORIQVE,
CONTENANT
LA RELATION
VERITABLE ET FIDELE
Du Voyage du Roy, & de son Eminence,

POVR LE TRAITTE DV MARIAGE de sa Majestè, & de la Paix Generale.

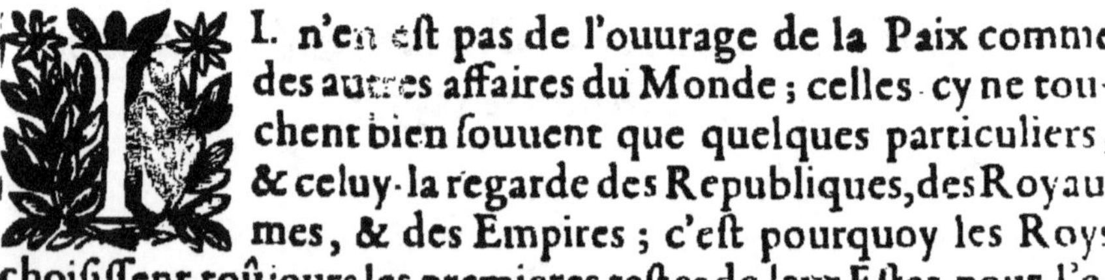

L n'en est pas de l'ouurage de la Paix comme des autres affaires du Monde ; celles-cy ne touchent bien souuent que quelques particuliers, & celuy-la regarde des Republiques, des Royaumes, & des Empires ; c'est pourquoy les Roys choisissent toûjours les premieres testes de leur Estat pour l'execution d'vne chose si importante. En effet, comme il est besoin de raisonner puissamment, de prendre en main la cause de plusieurs personnes interessées, & de soustenir hautement le droit & l'authorité du Prince, il faut que les hommes qu'ils employent à cet illustre ministere, soyent de parfaits

Politiques, & des Esprits dont tout le monde connoisse la rare suffisance.

Les Grecs & les Romains qui ont toûjours esté les Modeles des Estats les mieux policez, ont soigneusement pratiqué cette maxime necessaire, puis qu'ils ne se sont iamais seruis dans leurs Ambassades que de personnes capables des grandes affaires, & qui par leur propre vertu ont esté esleuées aux premieres Charges de la Republique. Mais si ces peuples ont esté religieux obseruateurs de cette coustume, les François qui ne leur ont point ceddé en courage, en esprit, & en experience, n'ont pas esté moins circonspects dans ces matieres delicates. Depuis l'heureux commencement de leur Auguste Monarchie, ils n'ont iamais traitté d'Alliances, de Paix, ny de Trefves, auec Princes, Roys, Empereurs, ou Papes, qu'ils n'ayent fait eslection de Personnages illustres par leur naissance, & recommandables par leurs éminentes qualitez.

Ainsi, sans qu'il soit besoin de recourir aux premiers siecles, on a veu, pour ne parler que des derniers, sous le regne de Henry Second; Charles Cardinal de Lorraine, & Anne de Montmorency Connestable de France, agir, & puissamment trauailler à la Paix, qui se traittoit au Chasteau de Cambresis auec les Deputez de Philippe II. Roy d'Espagne. Ainsi Henry Quatriesme d'heureuse Memoire, voulut se seruir dans le Traitté de Vervins des deux plus grands Hommes de son Royaume, Pompone de Bellievre, & Nicolas Brulart Seigneur de Sillery; celuy-là, le premier & le plus ancien Conseiller de son Conseil; & celuy cy, Conseiller d'Estat & Président en sa Cour de Parlement, qui depuis fut Chancelier de France.

Nostre incomparable Monarque Louis XIV. qui suit les glorieuses traces de ses fameux Ancestres; qui heritier de leur pieté, de leur prudence & de leur courage, veut doresnauant regner en paix sur son Peuple, & luy donner vn repos qu'il attend depuis plusieurs années, connoissant que cette negociation est de la derniere importance, & qu'il est besoin d'vn homme entierement consommé, & capable de tout en ce rencontre, jette en mesme temps les yeux sur l'Eminente Personne de Iules, ce puissant Ministre qui depuis si long-temps

conduit

conduit auec tant de bon-heur la Barque agitée de ce floriſſant Eſtat, & qui iamais ne fut né que pour les nobles & glorieuſes entrepriſes. En effet, ne ſemble-t'il pas que le Ciel ait deſtiné ce grand Cardinal pour pacifier les differens des teſtes couronnées? la fameuſe Ambaſſade qu'il entreprit pour la Paix en l'année 1635. fut comme vn veritable préſage de celle qu'il deuoit moyenner aujourd'huy entre la France & l'Eſpagne. Auſſi peut-on dire ſans déguiſement qu'il eſt tout à fait digne de cet illuſtre employ, puiſque iamais Miniſtre ne fut plus agiſſant que luy, plus zelé, ny plus attaché aux intereſts de ſon Maiſtre.

> *Rien ne peut retarder ſes pas,*
> *Les dangers ne l'eſtonnent pas,*
> *Il ſurmonte tous leurs obſtacles;*
> *Et ſa conduitte nous fait voir*
> *Que pour faire tant de miracles*
> *Jl faut beaucoup de zele, & beaucoup de ſçauoir.*

Cette verité conſtante n'a déja que trop paru dans la peinture que ie fis la ſemaine paſſée des penibles commencemens de ſon voyage; & la ſuitte fera connoiſtre que

> *Quelque monde qu'il meuue, & quelque faix qu'il porte,*
> *Fut-il auſſi chargé qu'on feint que l'eſt Atlas,*
> *Il n'en fera iamais l'empreſſé, ny le las.*

Mais reuenons à nos Conferences, & diſons en continuant l'ordre commencé que la dix-neufieſme ſe tint le ſeizieſme du mois d'Octobre, auec l'aſſiduité & les ceremonies ordinaires entre les deux Miniſtres. Le treizieſme du meſme mois ſon Eminence auoit eu aduis que le Mareſchal Duc de Grammont eſtoit heureuſement arriué à Burgos, où ſa Majeſté Catholique l'auoit fait receuoir auec tous les honneurs qui eſtoient deubs à ſon noble employ & à ſa haute naiſſance, & qu'il n'auoit plus que trente lieuës à faire de là iuſqu'à Madrid, où il eſperoit d'eſtre bien-toſt, puiſque le Roy d'Eſpagne auoit donné par tout les ordres neceſſaires pour ſa reception.

Le quinzieſme s'eſtoit auſſi rendu à Saint Iean de Lus le ſieur Foucquet Sur-Intendant des Finances, cet Homme qui veille continuellement au bien de l'Eſtat,

Qui ſçait les mouuemens que l'Eloquence inſpire,
Qui ſçait l'art de bien faire autant que de bien dire,
Qui des plus beaux Eſprits eſt le ferme ſupport,
Et des vaiſſeaux errants le fauorable port.

Et ſon Eminence qui l'attendoit pour conferer auec luy d'affaires importantes, le receut auec beaucoup de témoignages de joye. Le dix-ſeptieſme l'Ambaſſadeur de Portugal y vint, comme fit auſſi Dom Pimentel le dix-huiĉt; l'vn pour auoir Audiance de Monſieur le Cardinal, & l'autre pour luy rendre viſite de la part de Dom Loüis d'Aro, qui luy témoigna ſes reſſentimens de le voir ſoulagé de ſes cruelles gouttes, dont il auoit depuis quinze iours reſſenty de viues atteintes.

Le vingt-troiſieſme fut vtilement employé à la vingtieſme Conference, & le vingt-ſix le Duc de Lorraine qui eſtoit arriué le iour d'auparauant à Yron, fit icy ſon entrée, accompagné du Duc de Guyſe & du Comte d'Harcourt, où ſon Eminence le traitta magnifiquement à diſner. Le meſme iour elle eut nouuelle du Mareſchal Duc de Grammont, par vn Courrier enuoyé exprés de Madrid, qu'il auoit eſté fauorablement receu du Roy, de la Reine, de l'Infante, & de toute la Cour d'Eſpagne; & que ce grand Prince aprés l'auoir magnifiquement regalé luy auoit fait vne reſponſe ſur le ſujet de ſa legation, de laquelle on pouuoit tout attendre & tout eſperer. Qu'au reſte le dernier iour du mois ſeroit celuy de ſon départ de cette ville, puiſqu'il auoit eu ſon Audience de congé de ſa Majeſté Catholique, & que tout ſon peuple ſoûpiroit, & faiſoit de communs vœux pour le Mariage & pour la Paix generale.

Cependant le vingt ſept la vingt & vnieſme Conference fut tenuë, au ſortir de laquelle on iugea que les choſes s'aduançoient puiſſamment, & que l'on en auroit bien-toſt vne heureuse issuë. Le 29. le Duc de Lorraine vint derechef sur le soir visiter son Eminence, laquelle auoit enuoyé le matin le sieur de Lyonne pour le complimenter de sa part, & ce Prince ensuite retourna coucher à Yron, dont nous auons déja parlé ailleurs, petit Bourg ou Village esloigné de cette ville d'vne lieuë Françoise.

Mais comme les roses ne sont iamais sans épines, & que les plus doux contentemens de la vie sont tousiours meslez de quelque amertume ; parmy ces fréquentes allées & venuës pour l'accomplissement des souhaits communs de ces deux puissans Monarques, on apprend auec vn sensible déplaisir la mort du second Prince d'Espagne, qui, quoy que fort ieune, donnoit déja de belles & nobles esperances.

> *Ainsi pendant que sur la terre*
> *On demande la Paix comme vn bien précieux,*
> *Ce Prince, impatient d'en voir bannir la Guerre,*
> *Va l'obtenir de Dieu luy-mesme dans les Cieux.*

Deux iours apres que la tristesse de cette mort fut vn peu calmée, c'est à dire le trente & vniesme du mois d'Octobre, son Eminence & Dom Louis d'Aro tinrent la vingt-deuxiesme Conference, dans laquelle il fut arresté que l'on signeroit les heureux traittez de la Paix & du Mariage dés la premiere Assemblée. Neantmoins tout n'ayant pû s'acheuer le cinquiesme Nouembre à la vingt-troisiesme, ces deux fameux Ministres s'assemblerent derechef le septiesme pour la vingt-quatriesme fois, & conclurent enfin ce grand Ouurage que l'on auoit creu iusqu'alors impossible.

Mais que ne peut point vn Monarque comme le nostre, qui ioint à la pieté vne si grande pureté de vie ? Et que ne deuoit-on point attendre de la prudente conduite de Iules ce Ministre incomparable ? Que la Fable vante tant qu'elle voudra les trauaux du fils de Iupiter & d'Alcmene, son Eminence s'est acquise en vn iour plus de gloire par les siens, que ce dompteur de Monstres n'en acquit en toute sa vie. La Guerre estoit vne Hydre plus hydeuse & plus difficile à surmõter que celle de l'erne , & ſans ſemployer le fer ny le feu, elle a toutesfois glorieuſement triõphé d'elle.

Auſſi comme elle s'eſt acquiſe le glorieux nom d'Hercule de la France , ne ſemble-t'il pas que le Ciel meſme en veüille éterniſer la memoire , puiſque le iour qui ſert au couronnement du précieux trauail de la paix , eſt auſſi conſacré dans l'Egliſe à celebrer la gloire d'vn Saint qui porte à peu prés vn nom ſemblable ? †

Cependant comme Monſieur le Cardinal ſçauoit fort bien qu'il n'auroit ſceu operer ce miracle , ſi Dieu n'auoit exaucé les vœux & les prieres de noſtre Auguſte Monarque , & de noſtre pieuſe Reine , & s'il n'auoit en meſme temps fauoriſé les glorieux deſſeins , & ſecondé les nobles entrepriſes de ſon Eminence. Les Articles de la Paix ne furent pas plutoſt ſignez , auec toute la joye que l'on ſe peut imaginer , qu'elle fit dés le lendemain chanter le *Te Deum* dans l'Egliſe de cette ville en action de graces , pendant que Dom Louis d'Aro faiſoit la meſme choſe de ſon coſté à Andaye. Il ne faut pas demander ſi le Canon d'vne voix plus forte & plus tonnante qu'à l'ordinaire, aduertit en meſme temps les villes circonuoiſines , qu'enfin la Paix eſtoit arreſtée & la Guerre bannie.

Il me ſemble de toutes parts
Qu'on n'entendoit que des petarts ,
Des boëtes , des carabines ,
Des bombes , & des couleurines ,
Des Arquebuſes , des mortiers ,
Tant les rompus , que les entiers ;
Des canons qui creuoient de poudre
Quand ils tonnoient comme la foudre ,
Des fuſils , & des piſtolets ,
Des plombeaux meſme , & des mouſquets ,
Des ſauciſſons , & des fuſées ,
Qui par milliers furent vſées.

Pendant ces joyeux tintamares, les François & les Eſpagnols

gnols

gnols ſe meſlans plus librement que de couſtume les vns auec les autres, ſe régalerent & ſe donnerent toutes les marques poſſibles d'amitié & de tendreſſe ; & comme il eſtoit iuſte de donner promptement aduis d'vn reſultat de ſi grande importance à ſa Majeſté, le Duc de Crequy partit en meſme temps par l'ordre de Monſieur le Cardinal pour luy porter cette heureuſe & agreable nouuelle, qui fut receuë de toute la Cour auec beaucoup de ioyë.

Le dixieſme ſur le ſoir le Mareſchal Duc de Grammont arriua de Madrid en cette ville, fatigué veritablement ; mais ſatisfait au poſſible d'vn voyage qui doit acheuer de rendre ſa gloire immortelle. Le douzieſme ſon Eminence & D. Loüis d'Aro s'aſſemblerent encore vne fois, qui fut la vingt - cinquieſme & derniere Conference ; apres laquelle ces deux fideles Miniſtres ſe ſeparérent, extrémement contens d'auoir heureuſement & en ſi peu de temps terminé vne affaire de la derniere importance à la France & à l'Eſpagne.

Ainſi fut abandonnée cette Iſle Bien - heureuſe

Qui doit ſe nommer deſormais
L'Iſle fameuſe de la Paix,
Et qui déja dedans l'Hiſtoire
Va s'acquerir beaucoup de gloire.

Mais auparauant que de dire adieu à cette Iſle, & à la celebre ville de Saint Iean de Lus ; ſon Eminence fit traitter ſplendidement les Eſpagnols & les François, qui apres ce feſtin magnifique s'embraſſerent auec autant de ioye que de triſteſſe ; l'vne de ce que la Paix eſtoit aſſeurément concluë, & l'autre de ce qu'ils eſtoient obligez de ſe ſeparer. Cependant Monſieur le Cardinal impatient de reuoir la Cour, partit d'icy le treizieſme pour aller à Bayonne, & de là, prendre ſa marche vers Thoulouze, où la Cour l'attendoit auec la meſme impatience : Et il apprit en meſme temps que Dom Loüis d'Aro deuoit auſſi partir bientoſt de Fontarabie pour retourner à Madrid, & rendre compte à ſon Maiſtre de ſon heureuſe negociation. Le vingt-deuxieſme de Nouembre ſon Eminence arriua donc à Toulouze, ou elle fut receuë auec des applaudiſſemens qu'il eſt plus facile de s'imaginer que d'eſcrire.

Le Roy voulant en ce rencontre rendre à ce grand Miniſtre les honneurs que meritoit l'action glorieuſe qu'il venoit de couronner, fut au deüant d'elle, accompagné de Monſieur, & des Seigneurs les plus conſiderables, comme auoit déja fait auparauant le Prince de Conty, qui l'eſtoit allée rencontrer auec vne leſte & nombreuſe compagnie, à plus de trois ou quatre lieuës de chemin de cette ville. Quelle ioye ne fuſt-ce point à noſtre grand Monarque, à noſtre Auguſte Reine, à Monſieur & à toute la Cour, de reuoir apres tant de ſoins, de trauaux & de veilles ce fameux Médiateur de la plus belle & de la plus aduantageuſe Paix du monde? Et quelle ſatisfaction extréme ne fuſt-ce point auſſi à ſon Eminence de rendre compte de bouche au Roy de toutes les particularitez de ſon penible voyage, & de tout ce qu'elle auoit fait & dit dans les Conferences à la gloire de la France & de ſon Auguſte Maiſtre.

Cependant apres s'eſtre repoſée quelque temps de ſes longues fatigues, les Corps de Ville la vinrent complimenter, & l'Eueſque de Comminge luy preſenta les Eſtats du Languedoc, au nom deſquels il parla & felicita ſon Eminence ſur la plus glorieuſe de toutes ſes campagnes, puis qu'elle auoit produit la Paix, vne des plus nobles & fameuſes actions de ſa vie, qui ne mourra iamais dans l'Hiſtoire, & qui fera nommer noſtre ſiecle bien-heureux, d'auoir fait naiſtre vn ſi grand Homme. En effet, il eſt vray de dire que la France luy ſera éternellement obligée, ſoit qu'elle le conſidere du coſté de la Guerre ou du coſté de la Paix, puiſqu'il a touſiours agy auec autant de prudence dans l'vne, que de zele & d'actiuité dans l'autre, & que ſes premiers deſſeins ont touſiours eſté de procurer vn repos d'éternelle durée. Auſſi comme ſes intentions ont eſté iuſtes & droites, le Ciel les a ſecondées, & a bien fait connoiſtre dans la ſuitte de ſon illuſtre vie, qu'vn Aſtre heureux & fauorable auoit préſidé au point de la naiſſance: Car apres tout, ne peut-on pas comparer ſon Eminence à ces rochers eſleuez dans la Mer, qui ſe tiennent fermes contre les tempeſtes qui les menacent, & contre l'impetuoſité des flots dont ils ſont continuellement battus; Quelque diſgrace qui luy ſoit aduenuë, ſa conſtance n'en a pas eſté plus esbranlée, & quelque hayne que luy ait porté l'enuie, elle a fait paroiftre par la continuation de fes feruices, que rien n'eftoit capable de la refroidir, & que noftre inuincible Monarque l'ayant choifie pour eftre le Chef de fon Confeil & fon premier Miniftre, elle en deuoit faire les fonctions auec autant d'affeurance que de zele.

Enfin, que peut-on dire qui ne foit à l'aduantage de M. le Cardinal? & qui peut luy refufer aujourd'huy des Eloges fans injuftice? Apres tant de victoires remportées par fes confeils, tant de difficultez furmontées, tant d'affaires chancelantes affermies, ne met-il pas la Paix & la Iuftice d'accord; & comme fi iamais ces deux Déeffes n'auoient rien eu à démefler enfemble, ne fe baifent-elles † pas aux yeux de l'Europe, & ne femblent-elles pas faire cette proteftation folemnelle, de viure dorefnauant comme Sœurs, & comme veritables amies?

Nous ne deuons plus douter de cette verité, puifque fon Eminence eft de retour, que les Articles font fignez, & que Monfieur le Chancelier qui les receut par les mains du Comte de Brienne, auffi bien que le Contract de Mariage, en fcella les ratifications le deuxiefme du courant, qui furent en mefme temps enfermées dans deux boëtes d'argent, & enuoyées diligemment en Efpagne. Si iamais ce grand Miniftre de Thémis fcella quelque chofe auec joye, il ne faut pas douter que ce ne fuffent ces ratifications précieufes; fon inclination particuliere au bien de l'Eftat, dont il eft vn folide appuy, & le zele ardent qu'il a pour le feruice de noftre grand Monarque, luy firent bien-toft expedier ce qui doit caufer dans peu de iours l'vnion précieufe des Deux Couronnes, & le bon-heur de toute la France.

Mais puifque Monfieur le Cardinal eft maintenant à Thouloufe, & qu'apres de fi longues traittes il donne, auec vn peu de repos, quelque trêue à fes fatigues, laiffons le refpirer le doux air de cette Ville: d'où l'on croit que la Cour doit partir deuant la fin de l'année, pour eftre à Perpignan dans le commencement de l'autre. Toutesfois auparauant fon départ on ordonne tous les preparatifs neceffaires pour le *Te Deum* qui doit eftre chanté folemnellement, & qui fera fuiuy d'vne réjouyffance publique de toute la Prouince, & enfuitte de Paris, & de tout le

Royaume ; Nous attendons icy les mesmes ordres auec impatience, & l'on espere dans le vint-vn ou vint-deuxiesme de ce
mois que la Paix sera proclamée dans cette Ville capitale,
auec les fanfares des Trompettes, & les ceremonies accoutu-
mées en pareilles occasions.

Plaise au Ciel que ce bien depuis si long-temps attendu, & si
iustement desiré de toute l'Europe, soit vn bien de longue durée,
& qu'il passe du siecle présent aux siecles à venir, afin que nostre
posterité puisse dire que c'est à Louis XIV. le plus grand Prince
qu'eut iamais la France, qu'elle fut redeuable aussi bien que
nous d'vn si précieux thresor ; C'est pendant cette tranquilité
publique que nous verrons refleurir les Sciences & les Arts, &
que les Muses, qui iusques à present effrayées par le tintamarre
de la Guerre s'estoient retirées sur leur Montagne à l'ombre
des lauriers qu'elles cultiuent, viendront conuerser parmy
nous, & nous inspirer des chants de triomphe sur la Paix que
Iules nous procure, & que nostre grand Monarque nous donne.

Descendez de Parnasse, ô Filles de Memoire,
Abandonnez vos Bois, vos Eaux & vos deserts,
Redoublez les accents de vos doctes concerts,
Et joignez pour Loüis la Fable auec l'Histoire.

Déja le feu de la Poësie m'emporte & m'eschauffe l'esprit ; &
ie ne songe pas que ie dois parler en prose & non pas en vers,
ce n'est pas le style de l'Histoire qui demande le simple & non
pas l'heroïque, la verité toute nuë, & non pas la Fable déguisée.
Aussi n'ay-je garde de passer plus auant, & ie ne m'eschappe que
pour diuertir mon Lecteur, à qui vne trop longue narration
sans quelque diuersité nouuelle & surprenante seroit trop en-
nuyeuse. Reprenons donc le fil de nostre Discours, & laissant
pour quelques iours en paix son Eminence, préparons nous à
suiure le Roy dans son voyage, & taschons d'en faire aussi vne
succinte & fidele description, que vous verrez la Semaine
prochaine.

IOVRNAL HISTORIQVE,

CONTENANT

LA RELATION

VERITABLE ET FIDELE

Du Voyage du Roy, & de son Eminence,

POVR LE TRAITTE' DV MARIAGE de sa Majesté, & de la Paix Generale.

IOVRNAL TROISIESME.

A PARIS,

Chez IEAN BAPTISTE LOYSON, ruë Saint Iacques à la Croix Royalle, pres S. Severin.

———

M. DC. LIX.

Auec Priuilege du Roy.　　C 1.

IOVRNAL
HISTORIQVE,
CONTENANT
LA RELATION
VERITABLE ET FIDELE
Du Voyage du Roy , & de son
Eminence ,

POVR LE TRAITTE DV MARIAGE
de sa Majestè, & de la Paix Generale.

IOVRNAL TROISIESME.

LEs Roys sont les viuantes images de la Diuinité;
Ils sont necessaires dans les Estats , comme les
Directeurs dans les Communautez , & les Chefs
dans les Familles . Ce sont eux qui sont les sacrez
liens par lesquels la Republique est vnie & subsiste,
& lors que les membres viuent sous la souuerai-
neté d'vne seule teste, ils sont sans doute plus fortement attachez à ses interests, aussi bien qu'a sa conseruation. Dés que le
Prince souffre quelque disgrace , ses sujets s'en ressentent , dés

que fa puiſſance eſt affoiblie, ils ceſſent d'eſtre heureux ; En vn mot, dés qu'vn Royaume eſt dans le deſordre, les citoyens ſont dans la confuſion ; C'eſt pourquoy l'on compare la Monarchie à vne grande flotte expoſée ſur les flots de la mer, où nos familles, nos biens & nos vies ſont renfermées, qui ne ſçauroit faire naufrage que nous ne periſſions en meſme temps auec elle. De maniere que chaque Eſtat en general & en particulier eſt obligé de la ſoutenir & de la deffendre iuſqu'à la perte de ſon ſang & de ſa propre vie. Auſſi quand les peuples ſe rangent à leur deuoir, qu'ils obeïſſent à leur Souuerain, & qu'ils le conſiderent comme vne perſonne ſacrée que Dieu a eſtablie ſur eux pour leur commander, il ne faut pas douter que le Ciel ne ver- ſe ſes benedictions ſur tout le Royaume, & qu'il ne le faſſe proſperer dans ſes plus difficiles entrepriſes.

Les François ont toûjours eu cét aduantage deſſus toutes les autres nations du monde, ils ont voulu ſe ſoûmettre aux douces & neceſſaires Loix d'vn Monarque, ils ont creu (comme il eſt veritable) qu'vn party ſans chef ne pouuoit que mal-aiſement ſubſiſter, que les puiſſances égales ſe deſtruiſoient, qu'il eſtoit iuſte que l'inferieur obeïſt au ſuperieur, & que diuerſes perſonnes de pareille authorité ne pouuoient pas viure long-temps en bonne intelligence. C'eſt pourquoy touchez de voir leur Eſtat inceſſamment diuiſé, ils aſpirerent à l'Eſtat Monarchique, & declarerent enfin qu'ils vouloient Pharamond pour leur Roy legitime. En cela l'on peut dire que leur deſir fut ſemblable à celuy des Capadociens, qui n'accepterent point le choix que leur donna le Senat de s'ériger en Republique ; ils demanderent quelqu'vn qui eut vn pouuoir abſolu ſur leurs actions, ſçachant bien que la liberté qui leur eſtoit offerte n'euſt ſeruy qu'à les perdre & qu'à les deſtruire. En effet, ſi les Roys ſont les Peres des Peuples, l'Ame des Royaumes, & les Tuteurs de toutes les Familles, qui doute que leur domination ne ſoit à ſouhaitter, & que ce ne ſoit vn bon-heur particulier de viure ſous leur Empire ? Les Perſes, au rapport de Plutarque, bien inſtruits dans cette verité portoient vn ſi grand reſpect aux Roys, qu'ils les croyoient dans vn Eſtat ce que le Soleil eſt au Ciel & à la Terre ; Et pour témoigner qu'ils les conſideroient comme autant de rayons & d'emanations de la Diuinité, c'eſt

qu'apres

qu'apres leur mort ils laiſſoient toutes choſes dans le deſordre, les loix n'eſtoient point obſeruées pendant quelque temps , & l'on viuoit dans vne liberté deſreglée , afin de faire connoiſtre au peuple que les Protecteurs des Loix n'eſtoient plus , & qu'il iugeaſt par cet abandonnement iuſqu'à quel poinct vn Monarque eſtoit neceſſaire dans vn Royaume. Auſſi eſt-il certain que Dieu aime plus tendrement les Roys , & qu'il ſemble plus veiller à leur conſeruation, qu'à celle des perſonnes qui ne ſont point appellées au gouuernement de la choſe publique ; & la Nature meſme trauaille beaucoup plus à la production d'vn Prince , qu'à celle d'vn particulier , puis qu'elle eſt obligée d'aſſembler en luy tant de perfections , tant de lumieres ſpirituelles , tant de viuacité , de conduitte , de vertu , de ſageſſe & de courage , & qu'elle le doit former comme vne glace ſans tache où tous les peuples ſe doiuent conſiderer* & apprendre à viure.

Si iamais vn Prince fut chery du Ciel , & receut des dons extraordinaires de Dieu & de la Nature , ne peut-on pas veritablement dire que c'eſt noſtre grand & inuincible Monarque ? Sa naiſſance ne fut-elle pas miraculeuſe ? & tant d'années qui s'eſtoient écoulées auparauant, ne rendent-elles pas teſmoignage que la Nature vouloit faire en ſa perſonne le plus parfait & le plus beau de tous les chefs-d'œuures. En effet, LOVIS XIV. n'eſt-il pas le plus accomply de tous les Princes , & toûjours guidé de l'Eſprit d'enhaut , n'imite-t'il pas parfaitement les vertus d'vn Sainct dont il porte le nom, & dont il remplit ſi dignement le Throne ? Il ne faut donc pas s'eſtonner s'il fut toûjours heureux dans ſes nobles entrepriſes, ſi la Victoire le ſuiuit pas à pas , & ſi la PAIX aujourd'huy luy rend hommage. Cette Déeſſe qui depuis ſi long-temps n'a point d'Autels ny de Temples parmy nous , s'adreſſe à ce Puiſſant Monarque , ſçachant bien que c'eſt ſous ſon Regne qu'elle doit triompher ; & quoy que ſa demeure ordinaire ſoit au Ciel , elle eſt pourtant rauie de la quitter pour viure en Terre , & conuerſer auec ce grand Prince qu'elle aime , & dont elle eſt pareillement cherie.

N'eſt-ce pas vne veritable marque de ſon amour , puiſqu'il ne la pas plutoſt enuiſagée qu'il en eſt épris, qu'il la deſire , & qu'il entreprend tout pour elle ? Ce ne ſont en meſme temps que Médiateurs & qu'Ambaſſadeurs , par ſes ordres. Iules trauaille

d'vn coſté Grammont de l'autre, pour la France; Pimentel &
Dom Loüis d'Aro pour l'Eſpagne: Et comme ſi ce n'eſtoit pas
aſſez de ces grands Miniſtres qui s'intereſſent pour elle, cet incomparable Monarque veut luy-meſme commencer en ſa faueur
vn penible voyage, afin de la conduire en triomphe par toutes
ſes Prouinces, & de la faire reuerer de tous ſes Sujets.

Sa Majeſté n'eut donc pas plutoſt pris cette reſolution, que
pendant que l'on preparoit icy tout l'équipage & l'attirail neceſſaire pour vn ſi long & ſi glorieux voyage, elle ſe rendit à Fon-
taine-bleau le 30. de Iuin 1659. apres qu'elle eut eſté à Chantilly
& couché à Claye Iour auquel l'Egliſe ſolenniſe la feſte du ſe-
cond des Apoſtres. * La Reyne & tout le reſte de la Cour y arriua pareillement quelques iours apres, qui fut le troiſieſme du
mois de Iuillet, auparauant quoy elle auoit eſté viſiter le Val de
Grace, & renouueller plus puiſſamment que iamais dans ce lieu
de pieté qu'elle ayme d'vne affection toute-particuliere, ſes prieres & ſes vœux pour l'heureux éuenement du Mariage du Roy
ſon fils, & de la Paix generalle. Mais comme ce grand Monarque deſire que la pompe ſoit entiere à ſon retour; ne croyant
pas que le Louure fut encore aſſez beau ny aſſez ſpacieux pour
receuoir dans ſon ſein ſon Auguſte Epouſe, & cette grande Déeſſe, quoy qu'il ſoit en effet le plus ſuperbe & le plus magnifique
Baſtiment de toute la terre, il ordonna auant ſon départ, & par
l'aduis auſſi de ſon Eminence, que l'on trauailleroit ſans ceſſe
pendant leur abſence à l'acheuement de ce pompeux Ouurage,
dont le ſieur Ratabon, Sur-Intendant des Baſtimens du Roy,
prend vn ſoin extraordinaire.

Cependant ce grand Prince touſiours agiſſant, & qui ne ſçauroit viure s'il ne s'applique à quelque noble exercice, pour donner quelque relaſche à ſon eſprit occupé des penſées de la plus
grande & plus importante affaire du monde, traça luy-meſme
derriere le Parc de ſon Chaſteau le quatrieſme du courant, vn
Fort qu'il fit en ſuite conſtruire par ſes Gardes, qui prirent vn
ſingulier plaiſir d'y trauailler en ſa preſence. Le treizieſme du
meſme mois l'Ambaſſadeur Extraordinaire de Portugal arriua
à Fontainebleau auec ſa ſuitte magnifique, où il eut audiance de
ſa Majeſté, de laquelle il fut fauorablement accueilly, & ſplendidement traitté pendant les trois iours qu'il ſejourna dans ce

lieu, que l'on peut iustement appeller le plus beau de l'Europe, & en faueur de qui la douce Muse d'vn illustre Poëte chanta ce beau Sonnet autrefois, que l'on peut lire parmy ses ouurages.

Beaux & grands Bastimens d'eternelle structure,
Superbes de matiére, & d'ouurage diuers,
Où le plus digne Roy qui soit en l'Vniuers
Aux miracles de l'Art fait ceder la Nature, &c.

Quelques iours auparauant la venuë de cet Ambassadeur estoient aussi arriuez au mesme lieu le Chancelier de France, & le Sur-Intendant des Finances, pour y receuoir les ordres particuliers de sa Majesté, qui donna audiance le 16. au Corps de Ville de Paris, & qui fit ren lre compte au Mareschal de Turenne, qui s'estoit pareillement rendu à Fontainebleau le soir du mesme iour, de l'estat des places de Flandres, & du nombre des Trouppes qui y sont en garnison. Le 17. le mesme sieur Foucquet, à qui les Muses sont si fort obligées, puis qu'il fait obseruer leur trace sur les fleurs de nos Roys.

Et qui de Saint Mandé, qui des plaines de Vaux
Fait leur thrône de gloire, & son lict de repos,
S'il est vray que les soins de la chose publique,
Où pour le bien de tous sa belle Ame s'applique,
Permettent à Foucquet de pouuoir seulement
Sous vn si noble faix respirer vn moment.

Ce iour-la, dis-je, ce fameux Sur-Intendant receut leur Majestez & toute la Cour dans sa charmante & delicieuse Maison de Vaux, & les y traitta auec tant d'ordre, tant d'abondance & tant de delicatesse, qu'elles en fureur plainement satisfaites, & ne retournerent qu'à la fraischeur de la nuit à Fontaibleau. Monsieur qui estoit venu de Paris fut aussi de cette Royale compagnie, ce qui augmenta beaucoup la ioye de ces Augustes Conuiez & de cet illustre Traittant. Cependant comme le Roy faisoit estat de partir en bref pour s'aduancer vers la frontiere, il ordonna que tout fut bien-tost prest pour son voyage, & apres auoir donné audiance le 23. pour la seconde fois au Corps de Ville de Paris, aux Deputez du Languedoc, à l'Ambassadeur d'Angleterre, qui fut régalé trois iours consecutifs auec magnificence, & aux Députez de Troyes, qui luy furent presentez par le Mareschal de l'Hospital, Lieutenant general de cette Prouince. Il partit enfin de Fontainebleau auec la Reyne, Monsieur, & toute la Cour le 28. * de Iuillet, animé d'vne noble impatience de donner bien-tost le repos à toute l'Europe par vne Paix bien cimentée, & par vn Mariage qu'elle desire pour le restablissement de sa felicité.

* Iour de Ste Anne. au Diocese de Paris.

Le trentiesme la Cour apres estre partie de Gergeau, arriua sur le soir à Clery, où le Doyen de Nostre-Dame accompagné du Chapitre, receut leurs Majestez & les harangua ; Le lendemain elles furent coucher à Chambor, où Monseigneur le Duc d'Orleans, qui auoit esté au deuant d'elles auec quantité de personnes de haute condition iusques à S. Laurens des Eaux, les aborda auec toute la ioye que l'on se peut imaginer, & toutes les ciuilitez dont les Grands sont capables en ce rencontre. Les caresses reciproques acheuées, cette Royale trouppe s'aduanca imperceptiblement vers le Chasteau, où le Roy ne fut pas plutost arriué, que charmé de la situation du Parc, de sa beauté & de sa vaste estenduë, il prit aussi-tost l'agreable diuertissement de la chasse, & l'on eut dit que le gibier inspiré d'vn certain respect se dépoüillant de son humeur farouche, venoit s'offrir & se sacrifier volontairement aux pieds de ce puissant Monarque. Mais quittant cet agreable exercice, il fut rendre visite à Madame, que quelque indisposition retenoit au lict, où il trouua la Reyne, Monsieur, Mademoiselle, & toutes les Princesses & Dames, qui s'empressoient à luy donner des marques de leurs ressentimens de la voir incommodée.

Ce soir leurs Majestez furent splendidement traittées à souper, & le lendemain elles partirent pour s'acheminer à Blois, toùjours accompagnées de son Altesse Royale ; Elles n'eurent pas mis pied à terre à la porte du Chasteau de cette ville, qu'elles trouuerent sur l'Escalier les Graces mesmes qui les receurent, c'estoit Mademoiselle d'Orleans, & Mademoiselle de Valois, auec la Marquise de Raré leur gouuernante, & plusieurs autres Dames autant illustres par leur naissance que par leur merite. Quelque temps apres cette respectueuse & magnifique reception, leurs Majestez furent inuitées de se mettre à table ; & parce que

c'estoit

c'estoit vn iour de poisson, on en seruit des quantitez prodigieu-
ses & monstrueuses, car son Altesse en auoit fait chercher iusques
à Nantes & à Dieppe.

Les Poissons de Dieppe, de Nantès
Oyant les nouuelles charmantes,
Que Loüis & toute la Cour
Arriuoient à Blois en ce iour ;
Prierent tous le Dieu Neptune
D'vne façon mesme importune,
I'entends les plus gros de la Mer,
De les laisser en trouppe aller,
Pour estre seruis à la Table
De ce Monarque incomparable ;
Pas vn n'estoit, qui ne dît, moy
Ie veux estre mangé du Roy,
Si que Neptune en ces desordres
En enuoya de tous les Ordres,
Et s'il n'eust bien-tost fait ce chois
Toute la Mer alloit à Blois.

Cela s'appelle qu'outre le grand nombre, il y en auoit de toutes
especes & des plus beaux ; Cependant il seroit bien difficile de
voir vne table mieux ordonnée & mieux fournie qu'estoit alors
celle du Roy ; & pour coupper court, il suffit de dire qu'elle
estoit de vingt-cinq couuerts, & de vingt plats à chaque seruice.
Leurs Majestez y estoient, Monsieur, son Altesse, Mesdamoi-
selles ses filles, & toutes les Princesses, Duchesses & autres Dames d'importance. Quatre autres, outre celle de leurs Majestez, estoient en mesme temps encore seruies auec le mesme ordre, & chacun en ce rencontre auoit sa charge, sans que l'on pût
remarquer la moindre confusion ; Ainsi fut traittée la Cour par
son Altesse, iusques aux derniers Officiers du Roy, & iusques
aux Mousquetaires, dont leurs Majestez furent tellement satisfaites, qu'elles en remercierent son Altesse, & apres qu'elles luy

eurent rendu mille témoignages de tendresses, & qu'elles eurent receu les complimens du Clergé & des autres Corps, elles
partirent de ce Paradis Terrestre, & prirent la route d'Amboise,
où elles furent coucher le deuxiesme du mois d'Aoust, ne sejour-
nant ainsi que fort peu de temps dans tous les lieux de leur pas-
sage.

Cependant comme sa Majesté n'oublie rien de ce qui doit rendre l'action de la Paix celebre, elle auoit fait publier a Paris deux
iours auparauant vne Ordonnance, qui deffendoit estroittement
qu'aucuns, sinon ceux qui suiuoient sa Majesté dans son voyage,
n'eussent à porter galons d'or ou d'argent, afin que la ceremo-
nie de ses Entrées en parust plus ecclattante & plus pompeuse.
Et enuiron ce mesme temps le Duc François receut nouuelle de
la part de son Eminence, que le Duc Charles de Lorraine, son
frere, auoit esté mis en liberté par l'ordre du Roy d'Espagne.

Or leurs Majestez estant arriuées à Amboise, elles y receurent
tous les honneurs dont les Bourgeois de cette ville furent capables, & le peuple fut transporté d'vn tel rauissement, qu'on n'entendit de tous costez que des cris de Viue le Roy, témoins de la
ioye extraordinaire; parmy ces acclamations publiques elles
furent conduites au Chasteau par les Escheuins, où elles coucherent, & le lendemain elles en partirent pour Montelan, d'où
elles furent à Chastelleraut, & de là continuërent leur chemin
vers Poictiers, où elles estoient impatiemment attenduës. Mais
i'oubliois à dire que le Marquis de Villequier, dont le nom est
si connû & la réputation si affermie, leur rendit aussi ses respects,
& les receut auec toutes les ciuilitez dont il se pût auiser. C'e-
stoit ainsi que cette marche se passoit, quand on sçeut à Poictiers
que les beaux Astres de la France approchoient, & que le peuple sentiroit bien-tost ce que pouuoit la douceur de leurs influen-
ces. Le Duc de Roannez en qualité de Gouuerneur de la Prouince, monta à cheual fort leste, & suiuy de l'élite de toute la
Noblesse, fut bien loin au deuant d'eux, accompagné du Gouuerneur de la ville qui paroissoit aussi dans le mesme équipage.
Dés que leurs Majestez approcherent les portes, le Maire & les
Escheuins leur rendirent les deuoirs accoustumez en telles occasions, & elles furent saluées iusques en leur appartement de
tout le canon & de toute la mousquetterie.

11

Il ne faut pas demander si chacun faisoit dans son cœur des vœux pour le voyage de ce grand Monarque, de cette incomparable Reyne, de ce second ornement de la France Monsieur, & de toute cette florissante Cour, afin que Dieu le benît, & qu'il versât ses graces sur ces Testes couronnées, qui n'aspirent toutes qu'au précieux bien de la Paix ; Mais tout le monde de cette Prouince conçeut encore dauantage d'heureuses esperances, quand il apperceut que sa Majesté renouuelloit en cette ville la deffence des Duels, qui par le bon ordre qu'il y a apporté depuis le commencement de son Regne, ne sont plus si fréquens qu'ils auoient de coustume d'estre, particulierement en ce pays, où l'on a plutost la main à l'espée, que la menace a la bouche. Pendant que leurs Majestez sejournerent a Poictiers, elles visiterent souuent auec vne pieté sans exemple le Tombeau de Sainte Radegonde, autrefois Reyne de France, fille de Roy, & la sixiesme Epouse de Clotaire Premier du nom, qui preferant le cilice à la pourpre, * le jeusne aux tables abondantes, & la mortification aux delices, se rendit Religieuse dans cette ancienne ville, & mourut pleine de merites & de gloire dans la mesme Eglise qu'elle y auoit fondée. Le 9. du mois d'Aoust on commença les Prieres de Quarante heures auec beaucoup de deuotion, pour l'heureux succez du voyage de leurs Majestez, & des grandes affaires qu'elles entreprennent pour le commun repos de leurs Sujets.

Le 11. elles partirent d'icy, & furent coucher à Lusignan, où le Marquis de Chémeraut les receut en chemin, suiuy d'vn grand nombre de Gentilshommes. Le 12. à Mesle, le 13. à la ville celebre de S. Iean d'Angeli, & le 14. à Xainte, dont est Gouuerneur le braue Marquis de Monausier, qui ne pust receuoir leurs Majestez auec tous les honneurs qu'il eut bien desiré, ayant eu ordre d'elles-mesmes de ne faire aucunes ceremonies ; Elles passerent en cette ville le iour de l'Assomption, & ces Royales Personnes rendirent à la Reyne des Anges les deuoirs pieux qu'exige ce magnifique iour de son triomphe ; Le lendemain 16. elles prirent leur route vers Ionsac, apres auoir esté regalées par ce mesme Marquis d'vne façon qui ne fut pas commune, & qui fit bien connoistre que ce Seigneur genereux sçauoit l'art de traitter quelquefois les Roys & les Reynes ; Estant arriuées en cette place elles furent en mesme temps complimentées par tous

lés Députez des Villes circonuoiſines , & le iour d'apres elles ſe
rendirent à Blaye, où le Prince de Conty Gouuerneur de la Prouince , qui auoit tout fait préparer pour les receuoir , leur preſenta les Officiers de Ville , cependant que le Canon & l'Artillerie faiſoient vn feu continuel , & formoient vn tonnerre dont
le bruit ne pouuoit eſtre qu'agreable & de bon augure.

Auſſi fut-ce par lés ordres du Duc de Saint Simon , Gouuerneur de cette place , que tout fut executé de la ſorte , & auec autant de diligence que s'il eut eſté preſent. Le dix-huictieſme le
Roy voulut voir la Citadelle, qu'il trouua munie de toutes les
choſes neceſſaires pour ſa deffence; Et le 19. leurs Majeſtez s'embarquerent dans les Batteaux que la ville de Bordeaux auoit fait
peindre & enjoliuer exprés pour les porter dans ſon ſein, où elles
eſtoient ſi ardamment deſirées.

Ie ſuis d'auis pendant que l'on diſpoſe tout pour la continuation de ce grand & important voyage de reprendre vn
peu mes eſprits: Toutesfois auparauant ie prieray mes Lecteurs
de ne ſe pas impatienter ſi cette Paix qu'ils attendent n'eſt pas
encore proclamée; d'autant plus que les choſes ſont prétieuſes ,
d'autant plus les doit-on long-temps deſirer ; & comme l'année eſt ſur le poinct de faire place à la nouuelle, ne ſera-t'il pas
plus agreable aux François que leur Monarque leur donne ce
précieux threſor pour Eſtrenne ? Ie croy que c'eſt ſon inten-
tion , quoy que l'on nous la faſſe eſperer plutoſt ; & comme
d'ailleurs il faut de grands préparatifs pour celebrer dignement cette heureuſe Iournée , qui ne peuent eſtre acheuez
en ſi peu de temps , ie perſiſte dans ma premiere opinion , qui
n'eſt pas ſans fondement. Chantez donc Noël auec plus de
joye que iamais , & comme dans ce temps de la Naiſſance du
Fils de Dieu, Auguſte vid la Paix par toute la Terre , réjoüiſ-
ſez vous de voir qu'en cette meſme ſaiſon Loüis la donne à
toute l'Europe , & qu'elle doit bien-toſt triompher dans cette
Reyne des Villes.

Sous noſtre Roy , Fils d'vn Roy Iuſte,
Nous crirons donc à qui mieux , mieux ,
Comme on crioit deſſous Auguſte,
Paix ſur la Terre , & Gloire aux Cieux.
Acheué d'imprimer le Mardy 23. Decembre 1659.

QVATRIESME IOVRNAL HISTORIQVE,

CONTENANT

LA RELATION

VERITABLE ET FIDELE

Du Voyage du Roy, & de son Eminence,

POVR LE TRAITTÉ DV MARIAGE de sa Majesté, & de la Paix Generale.

A PARIS,
Chez IEAN BAPTISTE LOYSON, ruë Saint
Iacques à la Croix Royalle, pres la Poste.

M. DC. LX.
Auec Priuilege du Roy.   D I.

Extraict du Priuilege du Roy.

LE Roy par ſes Lettres patentes données à Paris le cinq Decembre 1659. Signé Cebret, il eſt permis à Iean Baptiste Loyson, Marchand Libraire à Paris, d'imprimer vendre & debiter *le Sommaire de l'Hiſtoire contenant la Relation veritable du Voyage du Roy, & de ſon Eminence pour le traitté du Mariage de ſa Majeſté & de la Paix Generale.* Compoſé par le ſieur F. C. Et deffences ſont faites à tous Imprimeurs & Libraires & autres perſonnes d'en vendre ny debiter que de celles dudit expoſant, ſous pretexte d'augmentation, changement, ou autrement, en quelque ſorte & maniere que ce puiſſe eſtre à peine de cinq cens liures d'amende Confiſcation des Exemplaires, de tous dépens domage & intereſts, & ce, pendant le temps & eſpace de ſept ans entiers & accomplis, ainſi qu'il eſt plus amplement porté par ledit Priuilege.

Regiſtré ſur le Liure de la Communauté le douzieſme Decembre 1659.

QVATRIESME
IOVRNAL
HISTORIQVE,
CONTENANT
LA RELATION
VERITABLE ET FIDELE
Du Voyage du Roy , & de son
Eminence,

*POVR LE TRAITTE DV MARIAGE
de sa Majestè, & de la Paix Generale.*

LES Romains auoient sujet de réuerer la Paix
comme vne Déesse, & de luy bastir des Temples
& des Autels. Numa Pompilius leur auoit appris
qu'estant vtile au repos d'vne Republique , elle
meritoit du respect , & qu'elle deuoit eitre consi-
derée comme le chose du monde la plus aymable,
& la plus à desirer. C'est pour cela qu'il establit des Prestres ap-
pellez par les Grecs Irénophilaces, c'est à dire Conseruateurs
de Paix , parce que leur soin particulier estoit d'appaiser les

differens des Prouinces, empefchant autant qu'il leur eftoit pof-
fible qu'elles n'en vinffent aux armes, & qu'elles ne portaffent les
affaires à l'extrémité. En effet, la Paix eft la fource feconde du
bien d'vn Eftat, c'eft elle qui produit le repos & l'abondance,
qui donne la vigueur aux Loix, & qui, quoy que paffagere, ne
laiffe pas d'eftre vn crayon * de celle que l'on doit goufter au
Ciel apres cette vie mortelle. Auffi n'eft-elle pas en la difpofi-
tion des mortels, mais bien au pouuoir de Dieu, qui en eft le
feul Difpenfateur & le feul Maiftre, & qui ne la donne que
quand il luy plaift, & quand il la iuge neceffaire; Il eft vray qu'il fe
laiffe affez fouuët fléchir par les vœux & par les prieres des Rois,
& qu'ils font plus en poffeffion d'obtenir de luy cette grace, que
le refte des hommes ; parce qu'eftans les Dieux de la Terre, &
les images viuantes de fa Diuinité, il ne les fçauroit refufer, &
prend mefme plaifir de montrer par cette liberalité iufqu'à quel
poinct il les confidere & les aime.

Nous en remarquons aujourd'huy, l'exemple en la perfonne
de noftre Augufte Monarque, puifqu'il eft vray que c'eft à fa
pieté auffi bien qu'à celle de noftre grande Reine, que l'Europe
eft redeuable de celle dont le Ciel comble nos fouhaits & fatis-
fait nos efperances. Il ne la demande pas plûtoft à Dieu, qu'il
l'obtient, & cette nouuelle Année doit eftre l'année de fon
glorieux triomphe ; Il ne faut pas douter que tous les bons
François ne defirent paffionnément de la voir, & qu'ils ne faf-
fent déja des feux de ioye dans leur cœur, en attendant ceux
qu'ils doiuent allumer dans les places publiques. C'eft vne noble impatience que leurs Majeftez fe font efforcées de conten-
ter, puifqu'elles n'ont épargné ny foins ny veilles pour leur
procurer ce bien qui ne leur fçauroit fuïr, veu qu'elles le tiennent dans leurs mains, & qu'elles leur doit donner comme vne
précieufe Eftrenne. Mais en attendant que toutes chofes foient
en eftat de receuoir cette Déeffe, continuons, ou plutoft ache-
uons le voyage de noftre incomparable Monarque, qui feruira
long-temps d'entretien à toute l'Europe, & qui doit eftre quelque iour la plus agreable defcription de l'Hiftoire.

Nous laiffafmes dans noftre derniere Relation leurs Maieftez
qui venoient de s'embarquer pour Bordeaux, où elles furgirent
enfin fur le foir du 19. de ce mois, & furent receuës par le Prince

de

de Conty, qui s'y estoit rendu la veille, & par le sieur de Saint
Luc Lieutenant de Roy. A leur descente le canon se fit ouïr, &
le Corps de Ville les vint haranguer auec des respects & des
soûmissions extraordinaires.

En verité il est difficile de descrire exactement l'excez de la
ioye qu'eurent tous les habitans de Bourdeaux à cette entrée
de leurs Maiestez; ils n'épargnerent rien pour leur donner des
marques de leur zele, les ruës par où elles deuoient passer
estoient superbement tapissées, & il n'estoit point de fenestre
qui ne fut ornée de tapis, & remplie des plus belles Dames de
la ville, ce n'estoient qu'empressemens de tous costez, qu'acclamations, & que voix meslées; si bien que l'on eut dit que nostre
Roy retournoit de quelque conqueste, & que Bordeaux luy de-
cernoit vn triomphe.

Mais quelle plus belle conqueste apres tout que celle de la
Paix? Fut-il quelque Toison d'or plus précieuse, & quelque
Iason plus heureux, plus entreprenant & plus à estimer que nostre puissant Monarque? Quoy qu'il pût encore cette année
gagner des Batailles & remporter des Victoires; par vne gene-
rosité qui n'eut iamais de pareille, il aime mieux faire vn eschan-
ge, & couronner auiourd'huy son front d'vne branche d'oliue,
que d'vne couronne de laurier, tant il est vray qu'il cherit cette
Déesse, & qu'il la considere comme vne bonne Mere qui doit
bien-tost réparer les desordres de la Guerre, & rendre a Ceres
ce que Mars luy rauit depuis tant d'années.

Pax Cererem nutrit, pacis alumna Ceres.

Leurs Majestez s'estant donc renduës dans l'Archeuesché, à
trauers les hayes des habitans sous les armes, dont toutes les
ruës estoient bordées, elles y receurent plusieurs visites, & le
iour suiuant, vingtiesme, le Parlement, la Cour des Aydes, &
les autres Corps, leur vint donner des asseurances de leur tres-
humble seruice. Le vingt-cinquiesme, iour & feste de S. Loüis,
Patron de nostre Auguste Monarque, cette ville qui luy voulut
donner de nouuelles preuues de son affection, la solemnisa par
des feux de ioye, & par des assemblées publiques, où la santé de
leurs Majestez furent hautement beuës, pendant que le canon
seruoit d'écho à ces douces & innocentes resjoüissances. Le

27. les Deputez de Saint Macaire vinrent complimenter leûrs Majeſtez; & le iour meſme elles receurent des nouuelles de ſon Eminence, que les affaires s'acheminoient plus que iamais à la Paix , & qu'on auoit lieu de tout eſperer au point où ſe trou-uoient les Conferences.

Le 29. le Recteur des Reuerends Peres Ieſuites du Nouiciat de cette ville receut la Reyne, qui fut prier Dieu dans leur Egli-ſe , & apres l'auoir complimentée auec cette grace qui eſt ſi na-turelle à ceux de leur ſçauant Ordre , il luy fit préparer vne collation qui n'eſtoit pas deſagreable, & qui fit voir qu'ils reüſ-ſiſſoient auſſi bien à régaler les Teſtes couronnées, qu'à les com-plimenter; Depuis ce iour le Roy fut occupé tant à exercer ſes Mouſquetaires, & ſes Compagnies des Gardes , qu'à donner Audiance aux Deputez qui venoient de toutes les villes circon-uoiſines luy rendre , auſſi bien qu'à la Reyne & à Monſieur, leurs reſpects & leurs obeïſſances. Cependant Monſieur, ce Prince , autant aimé qu'il eſt aimable, donna le bal aux Dames de la Cour auec vn appareil ſi pompeux & ſi magnifique, que tou-te la Cour en fut agreablement diuertie, & que le Roy meſme qui cherit quelquefois ce noble diuertiſſement, le voulut hono-rer de ſa preſence. Le 5. de Septembre, qui fut le pareil iour au-quel naſquit noſtre Victorieux Monarque, les Bourdelois renou-uellerent leurs réjoüiſſances , & allumerent des feux dans les carrefours & dãs les autres places publiques; Si bien qu'on pouuoit iuſtement dire , ſans en faire vne autre deſcription que celle-cy:

Le iour de ta Naiſſance eſt vn beau iour de feſte ,
Et pour le celebrer tout le monde s'appreſte;
L'allegreſſe publique éleue iuſqu'aux Cieux
Des battemens de mains & des airs gracieux;
Le Firmament éclatte, & Bordeaux qui flambloye,
Montre tant de clartez , & tant de feux de joye,
Que ſa face qui brille en ce rauiſſement
Paroiſt dans ſa ſplendeur vn nouueau Firmament.

Le 7. & 8. l'vn premier Dimanche du mois, & l'autre feſte de

la Natiuité de la Vierge, furent employez par leurs Majeſtez
aux œuures de pieté & de deuotion, & le Roy accompagné de
Monſieur fut au Sermon de l'Eueſque de Montauban, qui fit le
Panegyrique de la Mere de Dieu dans l'Egliſe Cathédrale de
cette ville, & qui rauit par la force de ſon eloquence cette Royale Compagnie. Le neuf & dixieſme, & les iours ſuiuans, les
Deputez d'Aqs, de Montauban, de Tartas, Bazas, & autres
lieux, vinrent rendre leurs deuoirs à leurs Maieſtez, & leur
teſmoignerent par leurs harangues combien ces villes leur
eſtoient obligées des ſoins qu'elles prenoient de leur procurer
vne ſi glorieuſe Paix dont elles eſperoient auoir dans peu de
mois la iouïſſance. Le 13. Mademoiſelle qu'vne indiſpoſition
auoit retenuë au lit pendant quelques iours, ſe trouuant dans
vne ſanté parfaite, donna la Comedie & le Bal, où pluſieurs Seigneurs & Dames de la Cour ſe trouuerent, qu'elle regala enſuite d'vne ſuperbe collation, cette incomparable Princeſſe ne
ſe pouuant laſſer de faire voir de temps en temps des marques de
ſa liberalité ordinaire. Le 16. leurs Majeſtez honorerent de leur
preſence le Theatre du College des Ieſuites, où fut repreſentée
vne Comedie qui n'auoit pour ſulet que la Paix, entremeſlée
de balets diuertiſſans, qui ſatisfirent auſſi bien que les Acteurs
cette Auguſte Aſſemblée.

Mais comme la ville de Bourdeaux eſtoit dans vne ſainte impatience de ſçauoir ce qui ſe paſſoit aux Conferences, & quel
ſuccez on en deuoit attendre, leurs Majeſtez receurent des
nouuelles de la part de Monſieur le Cardinal, qui les aſſeuroit
par la bouche du Mareſchal de Villeroy, que cette fameuſe negociation ſeroit bien-toſt terminée, & qu'il y auoit toutes les
apparences du monde que de cette confuſion de paroles, de
diſcours & d'aſſemblées, Aſtrée ſortiroit comme Amour fit autresfois du chaos, pour regler toutes choſes, & pour mettre la
Paix par tout. Ce fut ce qui donna ſujet en meſme temps au Roy
d'ordonner à ſes Officiers, & à ceux du Chaſteau Trompette,
que l'on preparaſt tout ce qui eſtoit neceſſaire pour celebrer le
lendemain le iour de la Naiſſance de l'Infante d'Eſpagne Marie
Thereſe, qui fut le 20. de Septembre, quinze iours après celle
de noſtre grand Monarque. Ainſi ne peut-on pas dire veritablement que ces deux Royales Perſonnes ſemblent auoir eſté pres

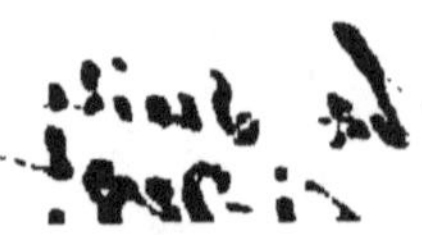

l'vne pour l'autre, & que le Ciel leur voulut faire voir la lumie-
re en vn mesme mois, afin de les voir ensuite en vn mesme iour ?
Aussi-tost que cet ordre fut receu, tout le monde s'esforça de
suiure & d'encherir mesme, sur tout ce que sa Majesté auoit
commandé: de maniere que le iour suiuant Vulcan n'eut pas peu
d'affaires, puisqu'il fut occupé à des feux d'artifice, qui furent
allumez sur la brune, où il fit voir ce qu'il estoit capable d'in-
uenter, lors qu'il estoit question de solemniser la feste de l'Aman-
te d'vn Roy, dont elle doit estre bien-tost l'Auguste, & triom-
phante Epouse.

Mais pendant que ces lumieres errantes, jointes aux autres
plus fixes que le Bourgeois allumoit deuant chaque maison,
faisoient vn clair iour de la nuit sombre; toute la ville se laissa
si agreablement emporter à la ioye, qu'elle vid paroistre le
Soleil dessus nostre Hemisphere deuant qu'elle eut seulement
pensé à sacrifier au Dieu du Sommeil. les festins ne furent pas
oubliez parmy cette allegresse publique, & quoy que l'année ait
esté sterile en vin, on eut dit toutesfois qu'elle estoit plus seconde que pas vne autre, tant la profusion en fut grande & tant elle
fut de longue durée. Le mesme iour sa Majesté fit faire Montre
à ses Gardes Françoises, & à donze Compagnies Suisses frais-
chement arriuées de Flandre & d'Italie, qu'elle rangeoit auec
cette mesme actiuité que nous auons veu souuent dans la Cour
de son Louure à Paris, & ie me doute qu'il n'y auoit pas moins
de monde à admirer sa bonne grace, qu'il s'en assemble icy
lors qu'il se plaist à ce Martial exercice. Le 28. le Comte de
Harcourt arriua en cette ville, & apres auoir rendu ses respects
à leurs Majestez, il en fut receu auec toute la bien-veillance
que pouuoient attendre ses grands merites Cependant comme
d'autres Villes souspiroient apres la presence de nostre Monarque, & qu'elles sembloient estre ialouses du bon-heur, dont Bordeaux iouissoit depuis si long-temps, leurs Majestez desirant les
satisfaire, & leur donner vn contentement si iuste & si veritta-
blement deub à leur zele, ordonnerent que tout fut prest à partir au sixiéme d'Octobre suiuant, ce qui causa pour le moins autant de tristesse aux Bourdelois, que les autres villes en con-
ceuront de ioye. Toutesfois ce leur fut quelque sorte de con-
solation dans leur déplaisir, de sçauoir qu'elle ne les quittoit
que

que pour aduancer plus promptement l'ouurage de la Paix, au-
quel son Eminence estoit sur le poinct de mettre la derniere
main, pour le bien commun de la France, & pour sa propre
oire.

En effet, sa Maiesté eut aduis par la bouche du Mareschal de
Villeroy, que cet infatigable Ministre s'en alloit clorre dans
peu de iours les deux Traitez auec Dom Loüis d'Aro, au contentement des deux Couronnes & de tous leurs peuples, & que
elle partiroit aussi-tost de Saint Iean de Lus pour se rendre à
Thoulouse, où toute la Cour faisoit estat de se trouuer aussi.
Cette bonne nouuelle respandit vne si grande allegresse dans le
cœur de tout le monde, qu'il est bien difficile de la pouuoir ex-
primer. Mais particulierement dans celuy de leurs Maiestez,
qui se voyoient si proche du but auquel elles aspiroient depuis si
long-temps, & pour qui elles auoient fait tant de vœux, d'of-
frandes, d'aumosnes, de voyages, de prieres & d'autres œuures de pieté infinies. Mais afin d'accelerer d'auantage cette
affaire importante, elles partirent le sixiéme d'Octobre de Bordeaux, & s'embarquerent sur les Bateaux préparez à cet effet,
apres auoir receu les soûmissions de tous les Corps, & les benedictions de tout le peuple; Plus de cinq cens coups de canon furêt
tirez à leur sortie, car cette ville en est bien munie, particulierement le Chasteau Trompette, & les Vaisseaux qui sont dans
ce port en grande quantité, aussi bien montez qu'en pas vn lieu
de l'Europe. Cependant le Duc d'Espernon sçachant qu'elles
deuoient passer par sa magnifique maison, que l'on peut comparer à ces beaux lieux qu'vne Reyne* mit autresfois au rang des
sept merueilles du monde, & qui est en possession de receuoir
nos Roys lors qu'ils font quelque voyage du costé de cette Prouince, ne manqua pas aussi-tost de faire préparer les appartemens, & de donner tous les ordres necessaires, afin qu'elles fus-
sent dignement & superbement receuës; Apres quoy il monta
sur vne Chalouppe auec quelques personnes de sa suitte, & fut à
la rencontre de leurs Majestez, qu'il aborda auec ses respects
ordinaires, & qu'il accompagna iusqu'au port, où elles trouuerent des carosses prests qui les menerent comme en triomphe au
Chasteau, que la Cour ne pouuoit trop admirer. Là le Duc
d'Espernon les complimenta, & prit le soin de les conduire dans

quatre appartemens ; c'eſt à dire, le Roy, la Reyne, Monſieur & Mademoiſelle ; pendant que les premiers de ſa Maiſon conduiſoient auſſi les autres Princes, Princeſſes & Grands de la Cour dans ceux qui leur eſtoient préparez au meſme lieu. Incontinent aprés la table du Roy fut ſeruie par autant de Gentilshommes qu'il y auoit de plats & d'aſſiettes : Huiſt autres eſtoient encore dreſſées pour toutes les perſonnes les plus qualifiées, & quatre dans les Offices pour le reſte de la ſuitte. De maniere que toute cette Trouppe Royale fut logée dans ce ſuperbe Palais, & y fut delicieuſement regalée : La Comedie fut la cloſture de ce premier feſtin, & le lendemain ce Duc les traitta auec le meſme ordre encore, & auec vne prodigieuſe abondance de choſes les plus exquiſes.

De là leurs Majeſtez continuerent leur voyage, & ſe rendirent le ſeptieſme à Bazas, où elles furent haranguées par les Conſuls de cette ville ; le 9. elles allerent à Nerac, où tous les Corps & les Bourgeois furent en aſſez bel ordre au deuant d'elles : le onzieſme elles coucherent à Leſtoure, où le Duc de Roquelaure & la Nobleſſe leur firent toute la reception qui leur fut poſſible. D'abord les Deputez du Parlement de Thouloſe complimenterent leurs Majeſtez, qui ſe rendirent dans leurs appartemens à trauers leurs Gardes rangées en haye, & les Bourgeois de cette ville qui formoient deux bataillons dont l'aſpect eſtoit fort agreable. Le douzieſme, aprés auoir oüy Meſſe, elles partirent pour Mauuoiſin, qui eſt la capitale de Bigore, ſcituée dans la Comté d'Armagnac, & le treizieſme elles pouſſerent iuſqu'à l'Iſle-Iourdain, où le Chapitre & les premiers Officiers de la ville leur rendirent de profonds reſpects, accompagnez de complimens & de harangues, qui n'auoient pour ſujet que la Paix que ce Grand Monarque nous procure.

Le 14. leurs Majeſtez arriuerent enfin à Thouloſe, où elles eſtoient attenduës auec autant d'impatience que les peuples qui viuent ſix mois dans les tenebres attendent le retour du Soleil ; Quelque deſſein qu'eut cette ville de leur faire vne magnifique reception, elle en fut empeſchée par l'ordre qu'elles auoient données d'eſpargner toutes ces deſpenſes, aymant mieux le cœur de ſon peuple que toutes ces marques exterieures, qui ne ſont pas toûjours abſolument neceſſaires. On ne laiſſa pas toutefois de parer les ruës de leur paffage, & les Capitous les receurent auec tous les refpects & tous les tefmoignages d'affection poffibles; leur harangue finie les clefs furent prefentées à leurs Maieftez, apres quoy elles vinrent iufqu'à l'Eglife de Saint Eftienne, où l'Archeuefque de Thoulouſe leur fit vn compliment auec fon eloquence ordinaire, qui fut fuiui du Te Deum, & de la defcharge de toute l'artillerie.

Le lendemain, qui eftoit la fefte de Sainte Therefe, Patrone de la Sereniffime Infante d'Efpagne, le Roy fit fes deuotions dans l'Eglife Cathedrale de cette ville, & aux Cordeliers; & la Reyne aux Carmelites, qui celebroient particulierement cette fefte, & le foir toutes les ruës furent éclairées de feux, & remplies de Bourgeois & de peuple qui pafferent vne bonne partie de la nuit dans les feftins & dans les honneftes réjoüiffances. Le 16. les Eftats eurent audiance du Roy, qui eftoient compofez de neuf Archeuefques, quelques Euefques, Grands Vicaires, Barons & autres Enuoyez de la Prouince, accompagnez des Confuls & Deputez de toutes les villes circonuoifines. L'Archeuefque de Narbonne parla pour toute cette Noble Affemblée, & ioignit tant de grace à fon difcours, & tant de force à fes paroles, qu'il rauit la Cour & fa Maiefté mefme. L'aprefdinée ils furent faluër la Reyne auec le mefme ordre, qui en fut pareillement fatisfaite. Le 17. les Deputez de Caftres & de Carcaffonne rendirent auffi leurs deuoirs au Roy, comme firent derechef le 18. les Capitoux, les Bourgeois, & le Parlement de Thoulouſe, à la tefte duquel eftoit le Premier Prefident, qui fit connoiftre par vne docte harangue iufqu'à quel poinct l'eloquence luy eftoit familiere.

Le 22. le Roy receut les confitures & les flambeaux du Corps de cette Ville, & donna Audiance aux Deputez de la Cour des Aydes & à ceux de Cahors: Le 23. le Sur-Intendant retourna de S. Iean de Lus icy: Le 25. le Nonce du Pape, & l'Ambaffadeur de la Republique de Venife furent conduits à l'Audiance, comme le furent pareillement les Enuoyez de Caftres & de Rhodez. Cependan cinq cens prifonniers eurent grace à l'entrée que fit noftre grand Monarque en cette ville, apres que l'Abbé de Coaflin eut fait toutes les ceremonies qui s'obferuent en pareilles rencontres. Le 28. 29. & 30. il ne fe paffa rien de confidera-

ble:Le iour de la Toussaincts le Roy aptes auoir donné des marques d'vne pieté exemplaire, toucha quantité de malades en pre-
fence d'vne foule incroyable de monde, & l'on receut enuiron le
mefme temps nouuelles de Madrid, que fa Majefté Catholique
auoit fait des honneurs extraordinaires au Duc de Grammont, &
qu'il y auoit tout fujet d'efperer la Paix entre les deux Couronnes, & le Mariage de fa Majefté auec l'Infante aifnée d'Efpagne;
ce qui r enouuella beaucoup la joye du peuple, des Bourgeois &
de toute la Cour. Le 9. du mois de Nouembre, le Duc de Cré-
quy reuint de Saint Iean de Lus, chargé du Traité de Paix & du
Contraét de Mariage, fignez de fon Eminence & de Dom Loüis
d'Aro; & le fieur de Gaumont, Gouuerneur de Montdidier, fut
auffi-toft defpeché pour porter de la part du Roy ledit Traité
aux Alteffes Royales de Sauoye, afin de l'executer de point en
point pour ce qui regardoit les places qui deuoient eftre reciproc-
quement reftituées. Le mefme iour la Cour prit le deüil, à caufe de la mort du Second Prince d'Efpagne, dont leurs Majeftez
furent fenfiblement touchées. Le 22. Monfieur le Cardinal arriua en cette ville, & y fut receu auec tous les honneurs dont
i'ay defia parlé dans la Relation de fon heureux & glorieux voyage. Le 24. les Deputez de Montpellier & de Montauban eurent
audiance du Roy, & le 7. de Decembre le Duc de Grammont
luy vint rendre compte de cette illuftre Ambaffade qui luy donne tant de gloire, & qui ioint tant de couronnes immortelles à
celles qu'il s'eft autrefois acquifes dans les champs de la Guerre.
Le 3. les Peres Iefuites firent reprefenter vne piece de Theatre,
intitulée, Le Siecle d'Or captif, deliuré par la Paix, où leurs
Maieftez affifterent. Et le 6. les Deputez de Mayence & de Co-
logne furent introduits à l'Audiance par le Comte de Brienne,
& par le fieur de Berlife.

Voila fuccintement toutes les particularitez des voyages de
leurs Majeftez & de fon Eminence, pour la plus glorieufe de
toutes les actions, qui eft la Paix. Dieu veüille que cette Année
foit l'année de fon triomphe, & que nous puiffions bien-toft voir
les feux de ioye aufquels on trauaille puiffamment, & les ma-
gnificences que l'on prépare pour la receuoir dignement dans
cette Reyne des Villes.

Acheué d'imprimer le Iendy 8. Ianuier 1660.